学校 - l'école — 2
旅行 - le voyage — 5
交通运输 - le transport — 8
城市 - la ville — 10
地形 - le paysage — 14
餐馆 - le restaurant — 17
超市 - le supermarché — 20
饮料 - les boissons — 22
食物 - l'alimentation — 23
农场 - la ferme — 27
房子 - la maison — 31
客厅 - le salon — 33
厨房 - la cuisine — 35
浴室 - la salle de bain — 38
儿童房 - la chambre d'enfant — 42
衣服 - les vêtements — 44
办公室 - le bureau — 49
经济 - l'économie — 51
职业 - les professions — 53
工具 - les outils — 56
乐器 - les instruments de musique — 57
动物园 - le zoo — 59
体育 - les sports — 62
活动 - les activités — 63
家 - la famille — 67
身体 - le corps — 68
医院 - l'hôpital — 72
紧急情况 - l'urgence — 76
地球 - la terre — 77
钟表 - ...heure(s) — 79
周 - la semaine — 80
年 - l'année — 81
形状 - les formes — 83
颜色 - les couleurs — 84
反义词 - les oppositions — 85
数字 - les nombres — 88
语言 - les langues — 90
谁/什么/怎样 - qui / quoi / comment — 91
方位 - où — 92

Impressum
Verlag: BABADADA GmbH, Nedderfeld 112 , 22529 Hamburg
Geschäftsführer / Verlagsleitung: Harald Hof
Druck: Books on Demand GmbH, In de Tarpen 42, 22848 Norderstedt

Imprint
Publisher: BABADADA GmbH, Nedderfeld 112 , 22529 Hamburg, Germany
Managing Director / Publishing direction: Harald Hof
Print: Books on Demand GmbH, In de Tarpen 42, 22848 Norderstedt

学校
l'école

教室
la salle de classe

除
diviser

186/2

黑板
le tableau noir

校园
la cour (de récréation)

老师
le professeur

纸
le papier

书写
écrire

钢笔
le stylo

办公桌
le bureau

直尺
la règle

书
le livre

学生
l'élève

书包
le cartable

铅笔盒
la trousse

铅笔
le crayon

卷笔刀
le taille-crayon

橡皮擦
la gomme

画板
le carnet à dessin

图画
le dessin

画笔
le pinceau

颜料盒
la boîte de peinture

剪刀
les ciseaux

胶水
la colle

练习册
le cahier d'exercices

家庭作业
les devoirs

数字
le chiffre

加
additionner

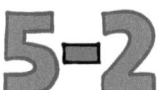

减
soustraire

乘
multiplier

计算
calculer

字母
la lettre

ABCDEFG
HIJKLMN
OPQRSTU
VWXYZ

字母表
l'alphabet

hello

字
le mot

课文

le texte

读

lire

粉笔

la craie

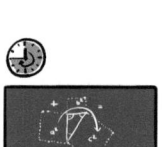

上课

la leçon

登记

le livre de classe

考试

l'examen

证书

le certificat

校服

l'uniforme scolaire

教育

la formation

百科全书

le lexique

大学

l'université

显微镜

le microscope

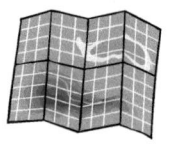

地图

la carte

废纸筐

la corbeille à papier

旅行

le voyage

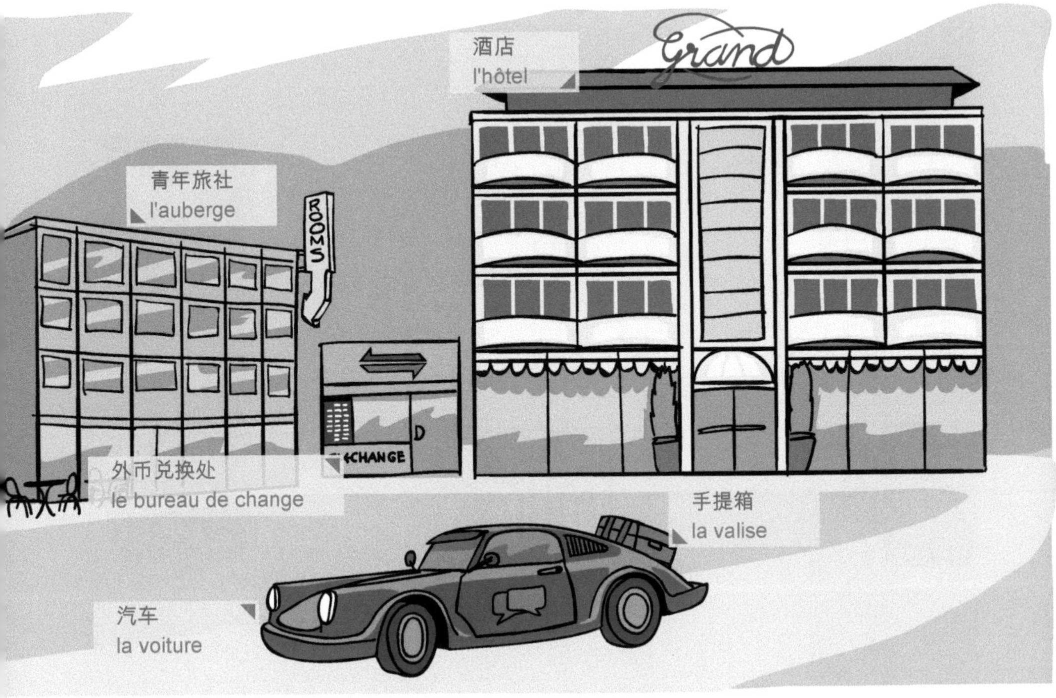
酒店
l'hôtel
Grand
青年旅社
l'auberge
ROOMS
外币兑换处
le bureau de change
EXCHANGE
手提箱
la valise
汽车
la voiture

语言

la langue

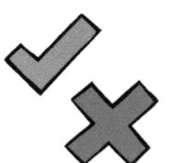

是/否

oui / non

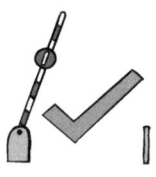

好的

d'accord

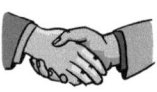

您好

Salut

翻译员

l'interprète

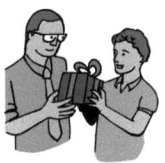

谢谢

merci

……多少钱？

Combien coûte...?

我不明白

Je ne comprends pas

问题

le problème

晚上好！

Bonsoir !

早上好！

Bonjour !

晚安！

Bonne nuit !

再见

Au revoir

方向

la direction

行李

les bagages

包

le sac

双肩包

le sac-à-dos

客人

l'hôte

房间

la pièce

睡袋

le sac de couchage

帐篷

la tente

旅行 - le voyage

旅游信息

l'office de tourisme

海滩

la plage

信用卡

la carte de crédit

早餐

le petit-déjeuner

午餐

le déjeuner

晚餐

le dîner

票

le billet

电梯

l'ascenseur

邮票

le timbre

边界

la frontière

海关

la douane

大使馆

l'ambassade

签证

le visa

护照

le passeport

交通运输
le transport

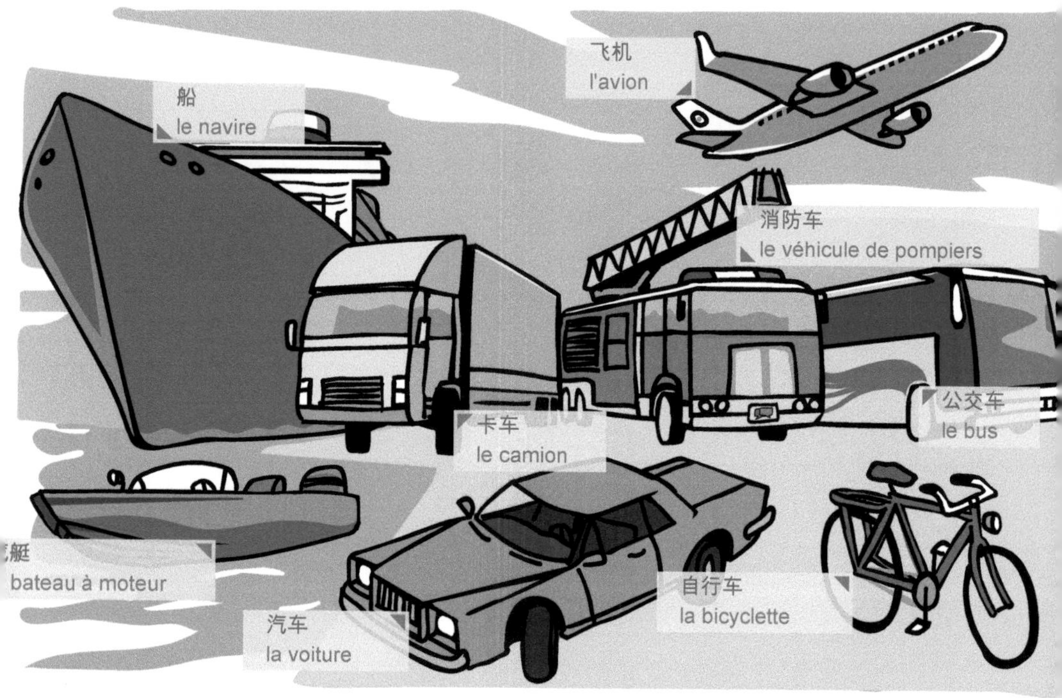

飞机
l'avion
船
le navire
消防车
le véhicule de pompiers
公交车
le bus
卡车
le camion
艇
bateau à moteur
自行车
la bicyclette
汽车
la voiture

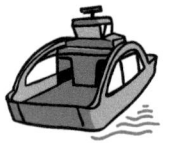

摆渡船
le ferry

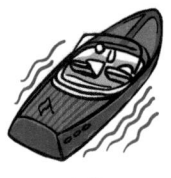

小船
la barque

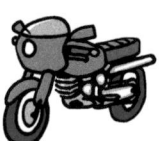

摩托车
la moto

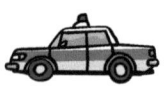

警车
la voiture de police

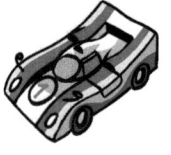

赛车
la voiture de course

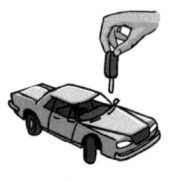

租车
la voiture de location

拼车

l'auto-partage

拖车

la voiture de remorquage

垃圾车

la benne à ordures

发动机

le moteur

汽油

l'essence

加油站

la station d'essence

交通标志

le panneau indicateur

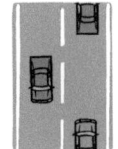

交通

le trafic

交通堵塞

l'embouteillage

停车场

le parking

火车站

la gare

轨道

les rails

火车

le train

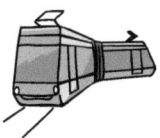

电车

le tramway

货车

le wagon

直升机

l'hélicoptère

机场

l'aéroport

塔

la tour

乘客

le passager

集装箱

le conteneur

纸板箱

le carton

手推车

le chariot

篮子

la corbeille

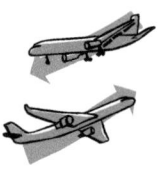

起飞/降落

décoller / atterrir

城市

la ville

村庄

le village

市中心

le centre-ville

房子

la maison

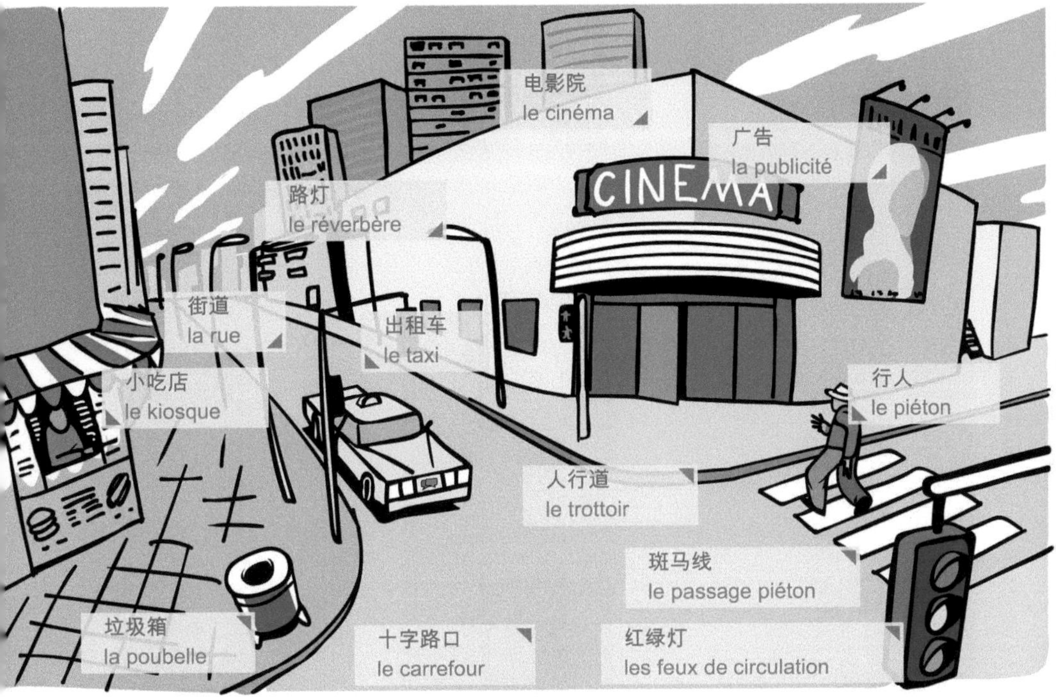
电影院
le cinéma
广告
la publicité
CINEMA
路灯
le réverbère
街道
la rue
出租车
le taxi
小吃店
le kiosque
行人
le piéton
人行道
le trottoir
斑马线
le passage piéton
垃圾箱
la poubelle
十字路口
le carrefour
红绿灯
les feux de circulation

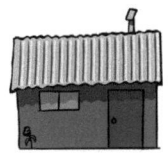

小屋

la cabane

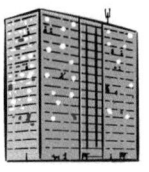

公寓

l'appartement

火车站

la gare

市政厅

la mairie

MUSEUM

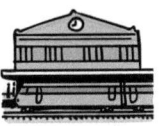

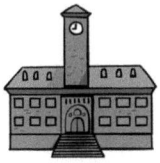

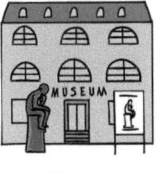

博物馆

le musée

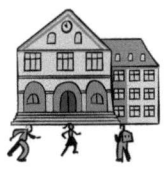

学校

l'école

大学

l'université

银行

la banque

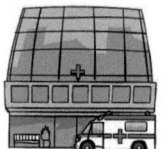

医院

l'hôpital

酒店

l'hôtel

药房

la pharmacie

办公室

le bureau

书店

la librairie

商店

le magasin

花店

le fleuriste

超市

le supermarché

市场

le marché

百货商店

le grand magasin

鱼店

la poissonnerie

购物中心

le centre commercial

海港

le port

公园

le parc

长凳

la banque

桥

le pont

楼梯

les escaliers

地铁

le métro

隧道

le tunnel

公交车站

l'arrêt de bus

酒吧

le bar

餐馆

le restaurant

邮筒

la boîte à lettres

路标

le panneau indicateur

停车计时器

le parcmètre

动物园

le zoo

游泳馆

le réverbère

清真寺

la mosquée

城市 - la ville

13

农场

la ferme

污染

la pollution

墓地

la cimetière

教堂

l'église

操场

l'aire de jeux

寺庙

le temple

地形

le paysage

树叶
la feuille

指示牌
le panneau indicateur

路
le chemin

草地
le pré

石头
la pierre

徒步旅行者
le randonneur

树
l'arbre

河
la rivière

草
l'herbe

花
la fleur

峡谷
la vallée

山
la montagne

湖
le lac

森林
la forêt

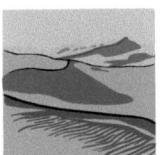

沙漠
le désert

火山
le volcan

城堡
le château

彩虹
l'arc-en-ciel

蘑菇
le champignon

棕榈树
le palmier

蚊子
le moustique

苍蝇
la mouche

蚂蚁
les fourmis

蜜蜂
l'abeille

蜘蛛
l'araignée

地形 - le paysage

甲虫

le coléoptère

青蛙

la grenouille

松鼠

l'écureuil

刺猬

le hérisson

野兔

le lièvre

猫头鹰

la chouette

鸟

l'oiseau

天鹅

le cygne

野猪

le sanglier

鹿

le cerf

麋鹿

l'élan

水坝

le barrage

风力发电机

l'éolienne

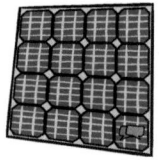

太阳能电池板

le panneau solaire

气候

le climat

餐馆
le restaurant

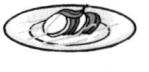

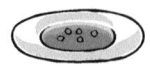

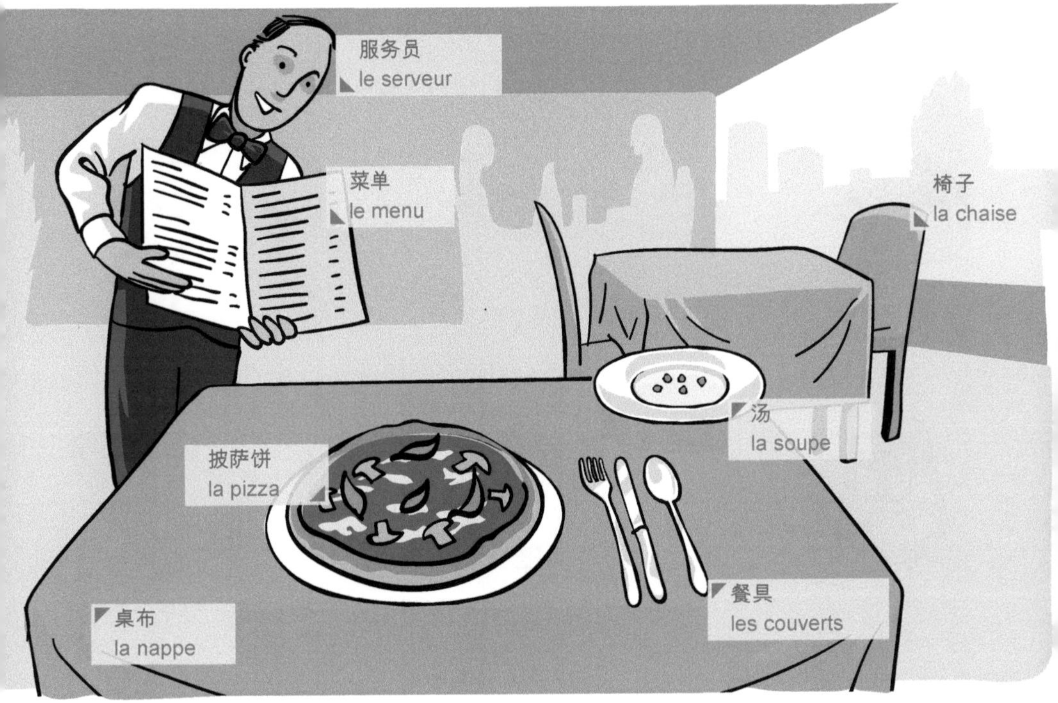
服务员
le serveur
菜单
le menu
椅子
la chaise
汤
la soupe
披萨饼
la pizza
餐具
les couverts
桌布
la nappe

前菜

les hors d'œuvre

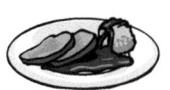

主菜

le plat principal

甜点

le dessert

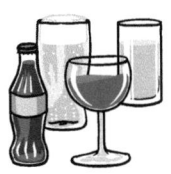

饮料

les boissons

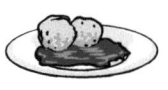

食物

l'alimentation

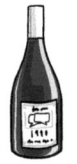

瓶子

la bouteille

快餐
le fast-food

街边小吃
les plats à emporter

茶壶
la théière

糖盒
le sucrier

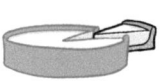

一份饭菜
la portion

意式咖啡机
la machine à expresso

高脚椅
la chaise haute

账单
la facture

托盘
le plateau

刀
le couteau

餐叉
la fourchette

勺子
la cuillère

茶匙
la cuillère à thé

餐巾
la serviette

玻璃杯
le verre

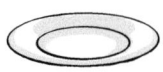

碟子

l'assiette

汤盘

l'assiette à soupe

碟子

la soucoupe

酱

la sauce

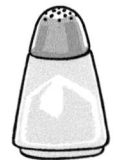

盐瓶

la salière

胡椒磨

le moulin à poivre

醋

le vinaigre

食用油

l'huile

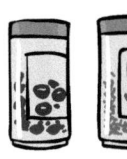

调味料

les épices

番茄酱

le ketchup

芥末

la moutarde

蛋黄酱

la mayonnaise

超市
le supermarché

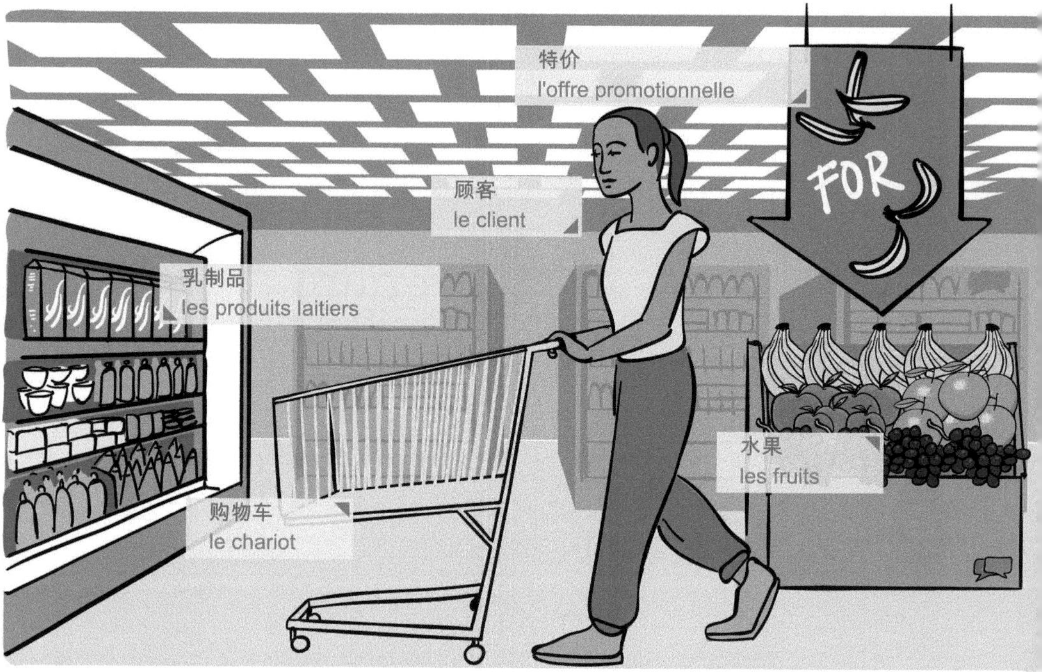

特价
l'offre promotionnelle
FOR
顾客
le client
乳制品
les produits laitiers
水果
les fruits
购物车
le chariot

BUTCHERS

肉铺
la boucherie

BAKERY

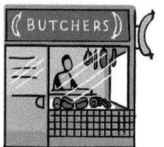

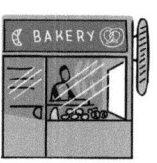

面包房
la boulangerie

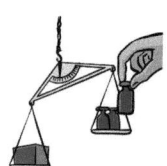

称重
peser

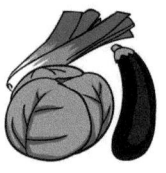

蔬菜
les légumes

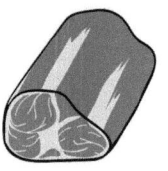

肉
la viande

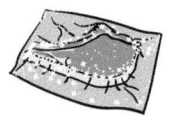

冷冻食品
les aliments surgelés

冷盘

la charcuterie

罐头食品

les conserves

洗衣粉

la poudre à lessive

甜食

les bonbons

日用品

les articles ménagers

清洁用品

les détergents

销售员

la vendeuse

收银机

la caisse

收银员

le caissier

购物清单

la liste d'achats

开放时间

les heures d'ouverture

钱包

le portefeuille

信用卡

la carte de crédit

袋子

le sac

塑料袋

le sac en plastique

超市 - le supermarché

水

l'eau

果汁

le jus de fruit

牛奶

le lait

可乐

le coca

红酒

le vin

啤酒

la bière

酒

l'alcool

可可

le chocolat chaud

茶

le thé

咖啡

le café

意式浓缩咖啡

l'expresso

卡布奇诺

le cappuccino

香蕉

la banane

苹果

la pomme

橙子

l'orange

西瓜

le melon

柠檬

le citron.

胡萝卜

la carotte

大蒜

l'ail

竹子

le bambou

洋葱

l'oignon

蘑菇

le champignon

坚果

les noisettes

面条

les pâtes

意大利面条

les spaghetti

米饭

le riz

沙拉

la salade

薯条

les pommes frites

炸土豆

les pommes de terre rôties

披萨饼

la pizza

汉堡包

le hamburger

三明治

le sandwich

炸猪排

l'escalope

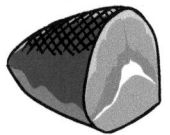

火腿

le jambon

萨拉米

le salami

香肠

la saucisse

鸡肉

le poulet

烤肉

le rôti

鱼

le poisson

燕麦片

les flocons d'avoine

穆兹利

le muesli

玉米片

les cornflakes

面粉

la farine

羊角面包

le croissant

面包卷

les petits-pains

面包

le pain

烤面包

le pain grillé

饼干

les biscuits

黄油

le beurre

凝乳

le fromage blanc

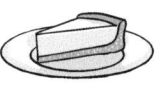

蛋糕

le gâteau

蛋

l'œuf

煎蛋

l'œuf au plat

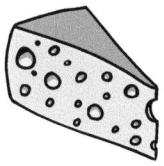

奶酪

le fromage

冰激凌

la glace

糖

le sucre

蜂蜜

le miel

果酱

la confiture

巧克力酱

la crème nougat

咖喱饭

le curry

农舍
la ferme

稻草捆
la botte de paille

粮仓
la grange

田野
le champ

马
le cheval

拖车
la remorque

拖拉机
le tracteur

马驹
le poulain

驴
l'âne

羊
le mouton

羔羊
l'agneau

山羊

la chèvre

奶牛

la vache

牛犊

le veau

猪

le porc

小猪

le porcelet

公牛

le taureau

鹅
l'oie

鸭
le canard

小鸡
le poussin

母鸡
la poule

公鸡
le coq

鼠
le rat

猫
le chat

老鼠
la souris

牛
le bœuf

狗
le chien

狗屋
le chenil

花园浇水软管
le tuyau de jardin

洒水壶
l'arrosoir

长柄大镰刀
la faucheuse

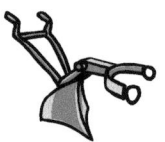

犁
la charrue

农场 - la ferme

镰刀

la faucille

锄头

la pioche

长柄草耙

la fourche

斧头

la hache

独轮手推车

la brouette

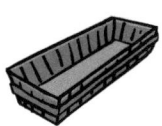

饲料槽

la cuve

牛奶罐

le pot à lait

麻布袋

le sac

栅栏

la clôture

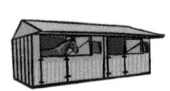

马厩

l'étable

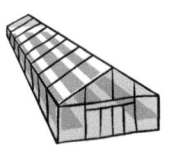

温室

le serre

土壤

le sol

种子

les semences

肥料

l'engrais

联合收割机

la moissonneuse-batteuse

收割

récolter

收割

la récolte

山药

l'igname

小麦

le blé

大豆

le soja

土豆

la pomme de terre

玉米

le maïs

油菜籽

le colza

果树

l'arbre fruitier

树薯

le manioc

谷物

les céréales

房子
la maison

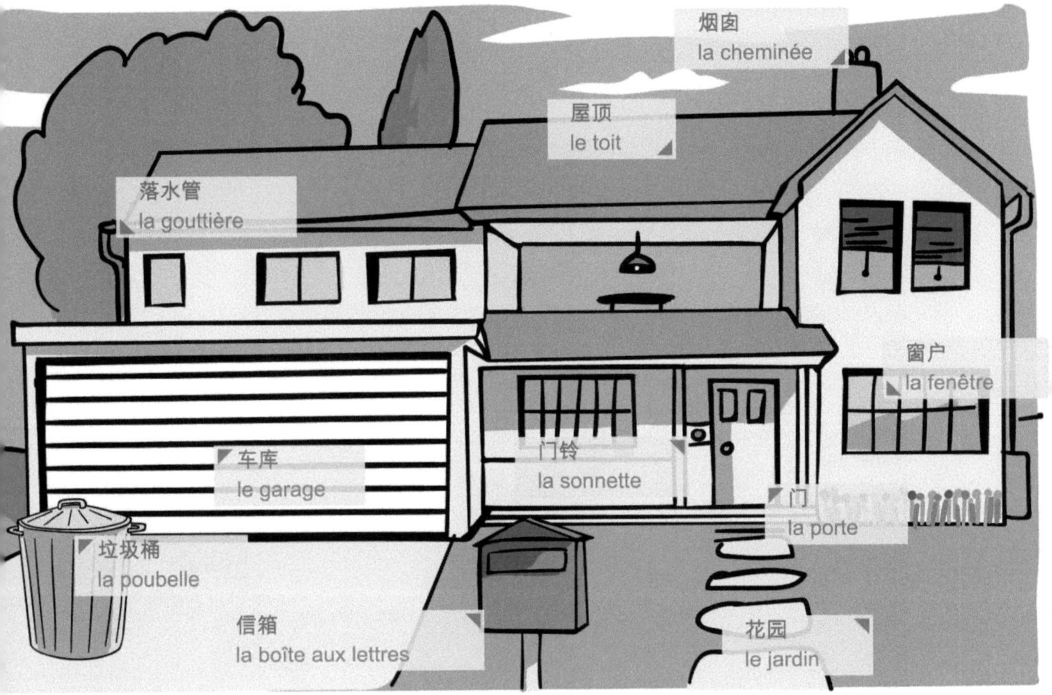
烟囱
la cheminée
屋顶
le toit
落水管
la gouttière
窗户
la fenêtre
门铃
la sonnette
车库
le garage
门
la porte
垃圾桶
la poubelle
信箱
la boîte aux lettres
花园
le jardin

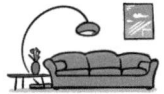

客厅

le salon

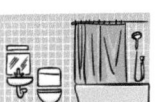

浴室

la salle de bain

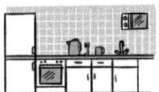

厨房

la cuisine

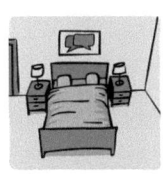

卧室

la chambre à coucher

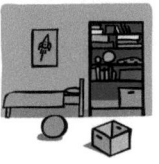

儿童房

la chambre d'enfant

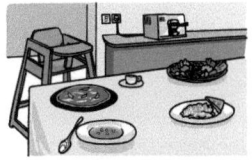

餐厅

la salle à manger

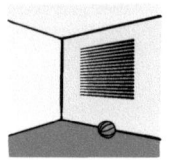

地板

le sol

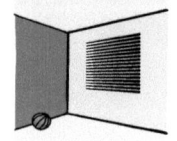

墙壁

le mur

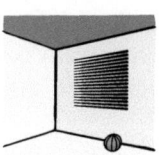

吊顶

le plafond

地窖

la cave

桑拿

le sauna

阳台

le balcon

露台

la terrasse

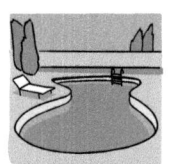

游泳池

la piscine

割草机

la tondeuse à gazon

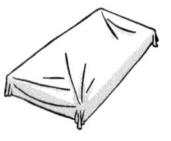

被单

la housse

床罩

la couette

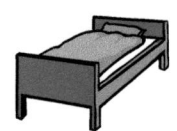

床

le lit

扫帚

le balai

水桶

le sceau

开关

l'interrupteur

客厅
le salon

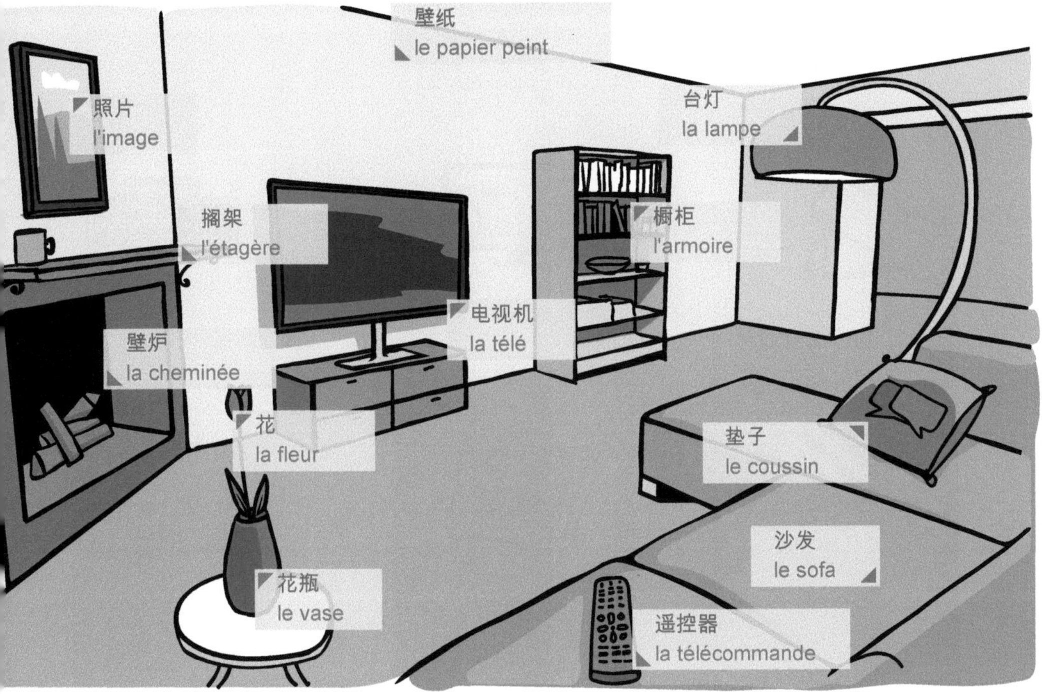

壁纸
le papier peint
照片
l'image
台灯
la lampe
搁架
l'étagère
橱柜
l'armoire
电视机
la télé
壁炉
la cheminée
花
la fleur
垫子
le coussin
沙发
le sofa
花瓶
le vase
遥控器
la télécommande

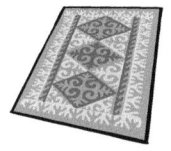

地毯
le tapis

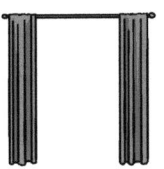

窗帘
le rideau

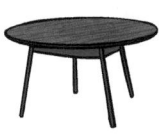

餐桌
la table

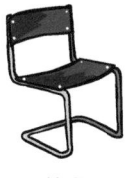

椅子
la chaise

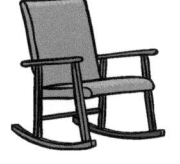

摇椅
la chaise à bascule

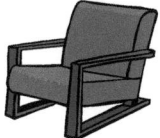

扶手椅
le fauteuil

书
le livre

毯子
la couverture

装饰品
la décoration

木柴
le bois de chauffage

电影
le film

高保真音响
la chaîne hi-fi

钥匙
la clé

报纸
le journal

油画
la peinture

海报
le poster

收音机
la radio

笔记本
le bloc-notes

吸尘器
l'aspirateur

仙人掌
le cactus

蜡烛
la bougie

厨房
la cuisine

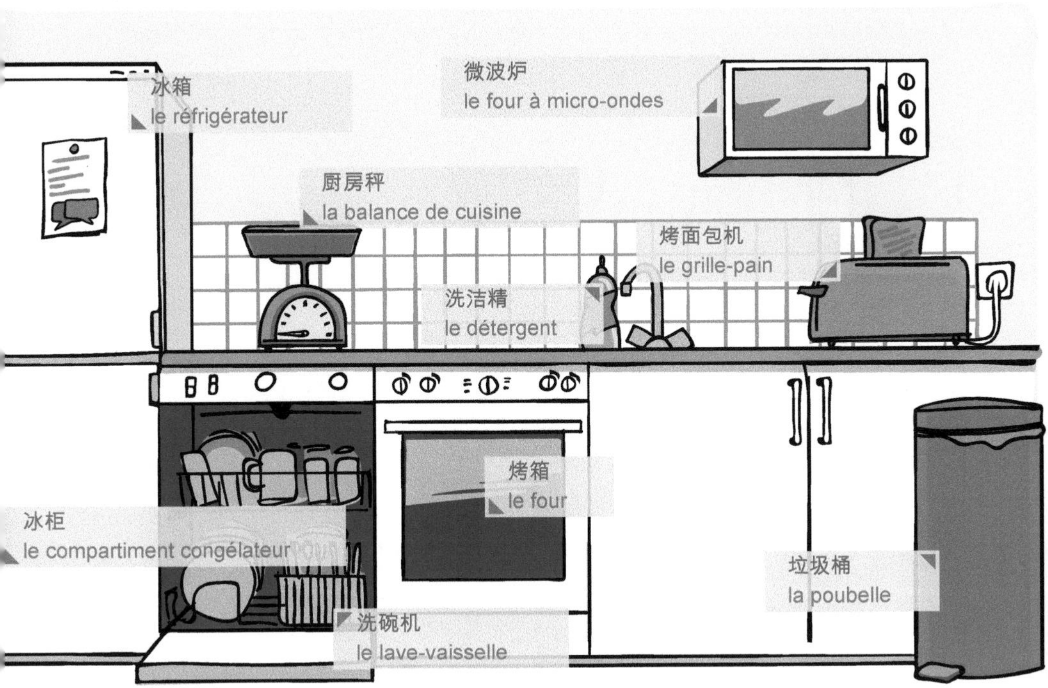

冰箱
le réfrigérateur
微波炉
le four à micro-ondes
厨房秤
la balance de cuisine
烤面包机
le grille-pain
洗洁精
le détergent
烤箱
le four
冰柜
le compartiment congélateur
垃圾桶
la poubelle
洗碗机
le lave-vaisselle

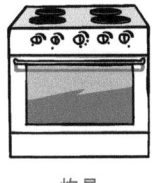

炊具

le four

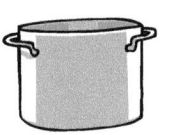

锅

la casserole

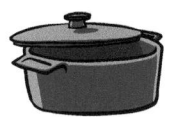

铸铁锅

la marmite

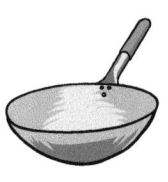

炒锅

le wok / kadai

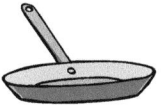

平底锅

la poêle

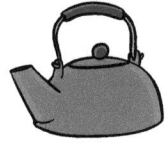

水壶

la bouilloire electrique

蒸锅

le cuiseur vapeur

烤盘

la plaque de cuisson

陶瓷锅

la vaisselle

马克杯

le gobelet

碗

la coupe

筷子

les baguettes

长柄勺

la louche

铲子

la spatule

搅拌器

le fouet

滤网

la passoire

筛子

le tamis

磨碎机

la râpe

研钵

le mortier

烧烤

le barbecue

明火

la cheminée

菜板

la planche à découper

擀面杖

le rouleau à pâtisserie

开瓶器

le tire-bouchon

罐子

la boîte

开罐器

l'ouvre-boîte

隔热手套

les maniques

水槽

le lavabo

刷子

la brosse

海绵

l'éponge

搅拌机

le mixeur

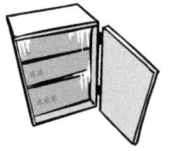

冷藏箱

le congélateur

奶瓶

le biberon

水龙头

le robinet

浴室

la salle de bain

供暖设备
le chauffage
毛巾
la serviette
淋浴
la douche
浴帘
le rideau de douche
泡沫浴
le bain moussant
浴缸
la baignoire
玻璃杯
le verre
洗衣机
la machine à laver
水龙头
le robinet
瓷砖
le carrelage
便壶
le pot
水槽
le lavabo

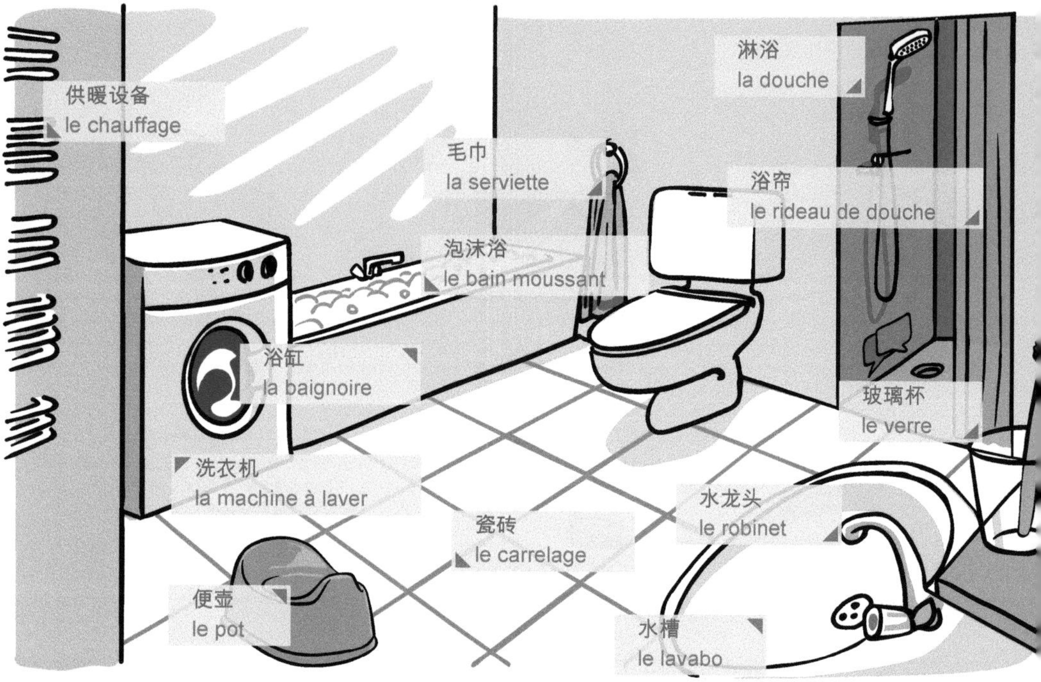

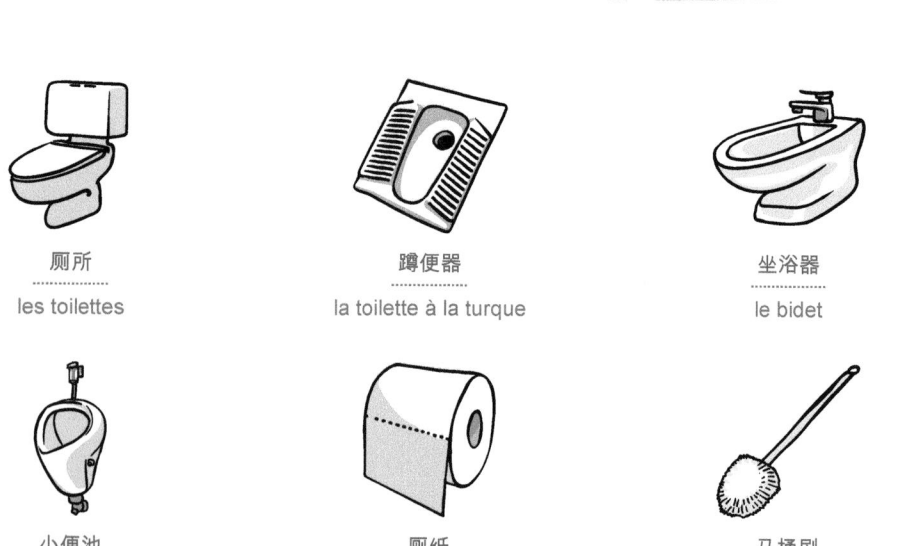

厕所

les toilettes

蹲便器

la toilette à la turque

坐浴器

le bidet

小便池

l'urinoir

厕纸

le papier toilette

马桶刷

la brosse à toilette

牙刷
la brosse à dents

牙膏
le dentifrice

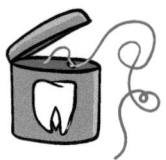

牙线
le fil dentaire

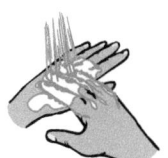

洗
laver

手持式喷淋头
la douche manuelle

冲洗器
la douche intime

洗脸盆
la vasque

擦背刷
la brosse dorsale

肥皂
le savon

沐浴露
le gel douche

洗发水
le shampooing

法兰绒
le gant de toilette

排水
l'écoulement

乳霜
la crème

除臭剂
le déodorant

镜子

le miroir

手镜

le miroir cosmétique

剃须刀

le rasoir

剃须泡沫

la mousse à raser

须后水

l'après-rasage

梳子

la peigne

刷子

la brosse

吹风机

le sèche-cheveux

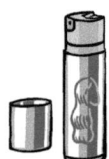

喷发定型剂

la laque pour cheveux

化妆品

le fond de teint

唇膏

le rouge à lèvres

指甲油

le vernis à ongles

化妆棉

l'ouate

指甲剪

le coupe-ongles

香水

le parfum

洗漱包

la trousse de toilette

凳子

le tabouret

计重秤

le pèse-personne

浴袍

le peignoir

橡胶手套

les gants de nettoyage

卫生棉条

le tampon

卫生巾

es serviettes hygiéniques

化学厕所

la toilette chimique

浴室 - la salle de bain

儿童房
la chambre d'enfant

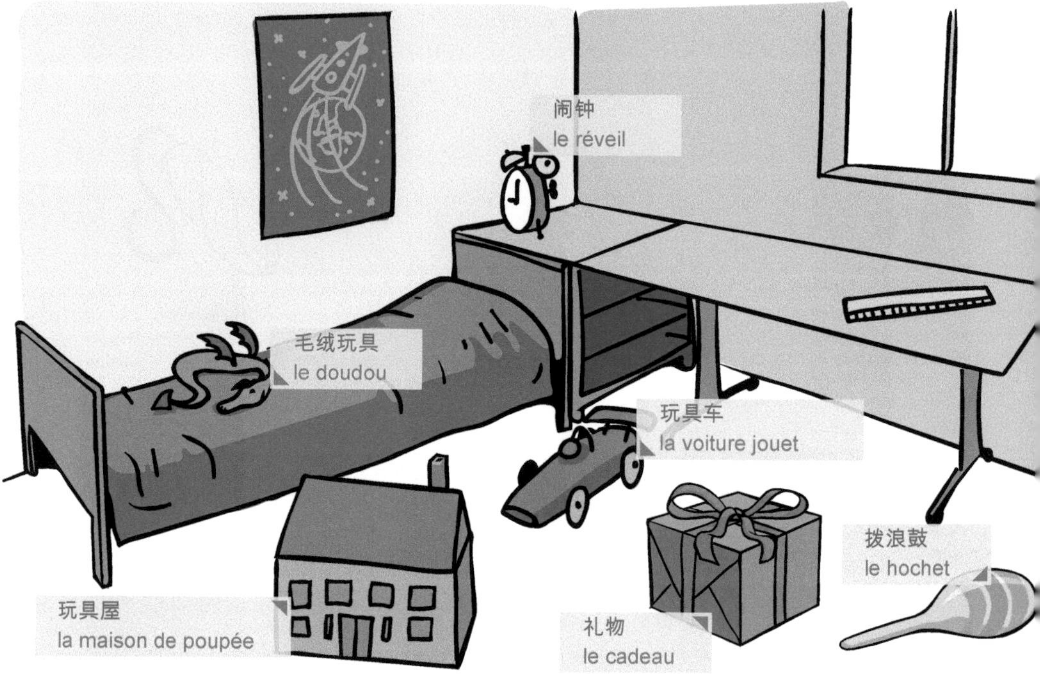
闹钟
le réveil
毛绒玩具
le doudou
玩具车
la voiture jouet
拨浪鼓
le hochet
玩具屋
la maison de poupée
礼物
le cadeau

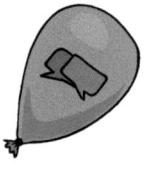

气球

le ballon

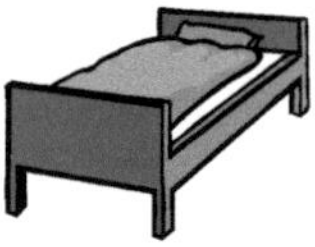

床

le lit

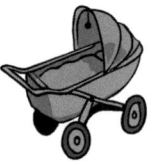

（洋娃娃用）婴儿车

la poussette

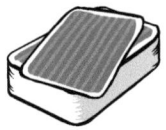

扑克牌

le jeu de cartes

拼图

le puzzle

SUPER
MEGA

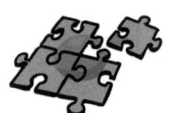

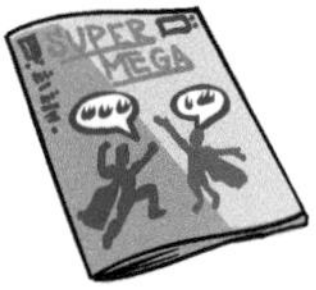

漫画

la bande dessinée

乐高积木

les pièces lego

积木玩具

les blocs de construction

玩具人

la figurine

婴儿服

la grenouillère

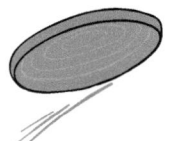

飞盘

le frisbee

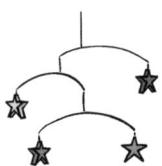

床铃玩具

le mobile

棋盘游戏

le jeu de société

骰子

le dé

火车模型

le train miniature

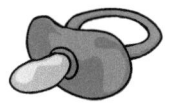

安抚奶嘴

la sucette

聚会

la fête

绘本

le livre d'images

球

la balle

洋娃娃

la poupée

玩

jouer

儿童房 - la chambre d'enfant

沙坑

le bac à sable

秋千

la balançoire

玩具

les jouets

游戏机

la console de jeu

三轮车

le tricycle

泰迪熊

l'ours en peluche

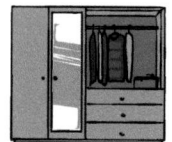

衣柜

l'armoire

衣服

les vêtements

袜子

les chaussettes

长袜

les bas

紧身裤

le collant

围巾
l'écharpe

雨伞
le parapluie

T恤
le t-shirt

皮带
la ceinture

靴子
les bottes

拖鞋
les pantoufles

运动鞋
les baskets

凉鞋
les sandales

鞋
les chaussures

雨靴
les bottes de caoutchouc

内裤
les sous-vêtements

胸罩
le soutien-gorge

背心
le maillot de corps

身体
le body

裤子
le pantalon

牛仔裤
le jean

短裙
la jupe

女式衬衫
le chemisier

衬衫
la chemise

套头衫
le pull

卫衣
le sweat à capuche

西装夹克
la veste

夹克
la veste

外套
le manteau

雨衣
l'imperméable

套装
le costume

连衣裙
la robe

婚纱
la robe de mariée

西装

le costume

睡袍

la chemise de nuit

睡衣

le pyjama

莎丽

le sari

头巾

le foulard

包头巾

le turban

波卡

la burqa

卡夫坦

le caftan

(阿拉伯式)长袍

l'abaya

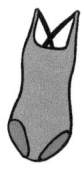

泳衣

le maillot de bain

男式泳裤

le maillot de bain

短裤

le short

运动服

la tenue d'entraînement

围裙

le tablier

手套

les gants

纽扣

le bouton

眼镜

les lunettes

手链

le bracelet

项链

le collier

戒指

la bague

耳环

la boucle d'oreille

便帽

le bonnet

衣架

le cintre

帽子

le chapeau

领带

la cravate

拉链

la fermeture éclair

头盔

le casque

背带

les bretelles

校服

l'uniforme scolaire

制服

l'uniforme

围兜

le bavoir

安抚奶嘴

la sucette

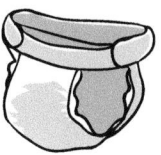

尿不湿

la lange

办公室
le bureau

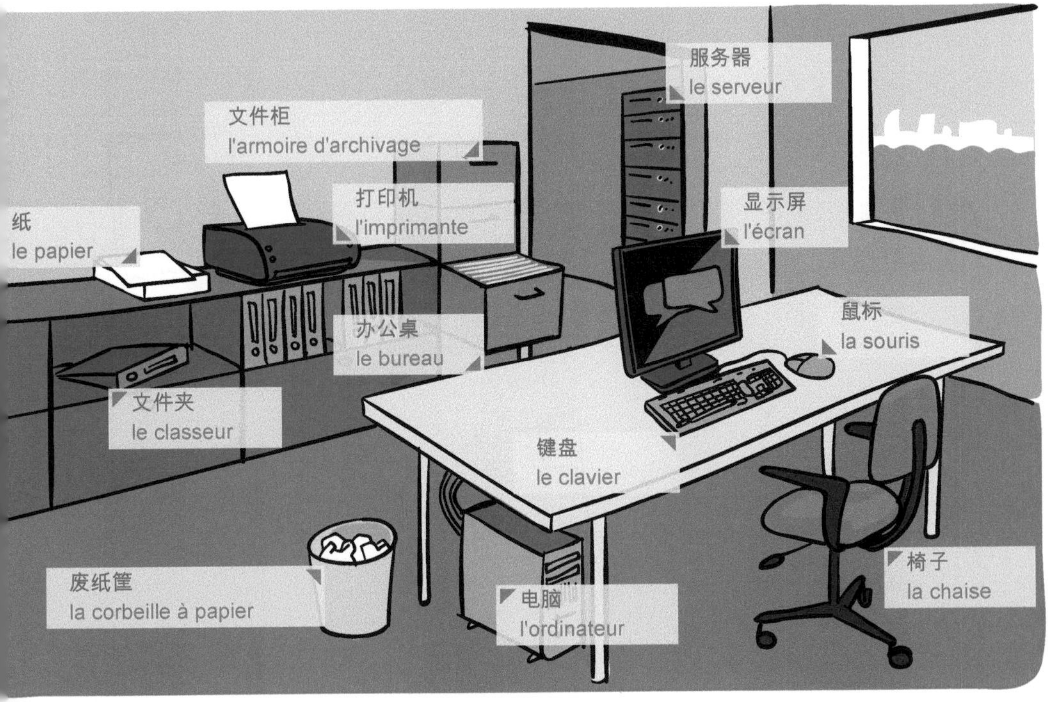

服务器
le serveur

文件柜
l'armoire d'archivage

打印机
l'imprimante

显示屏
l'écran

纸
le papier

办公桌
le bureau

鼠标
la souris

文件夹
le classeur

键盘
le clavier

废纸筐
la corbeille à papier

电脑
l'ordinateur

椅子
la chaise

咖啡杯

la tasse de café

计算器

la calculatrice

因特网

l'internet

笔记本电脑
l'ordinateur portable

信件
la lettre

消息
le message

手机
le portable

网络
le réseau

复印机
la photocopieuse

软件
le logiciel

电话
le téléphone

插座
la prise

传真机
le fax

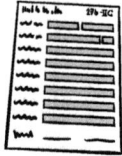

表格
le formulaire

文件
le document

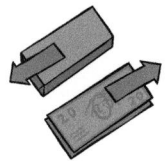

买

acheter

付钱

payer

交易

faire du commerce

现金

la monnaie

美元

le dollar

欧元

l'euro

日元

le yen

卢布

le rouble

瑞士法郎

le franc suisse

人民币

le renminbi yuan

卢比

la roupie

提款处

le distributeur automatique

外币兑换处

le bureau de change

金

l'or

银

l'argent

石油

le pétrole

能源

l'énergie

价格

le prix

合同

le contrat

税金

la taxe

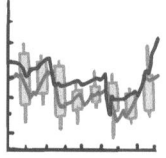

股票

l'action

工作

travailler

职员

l'employé

老板

l'employeur

工厂

l'usine

商店

le magasin

职业

les professions

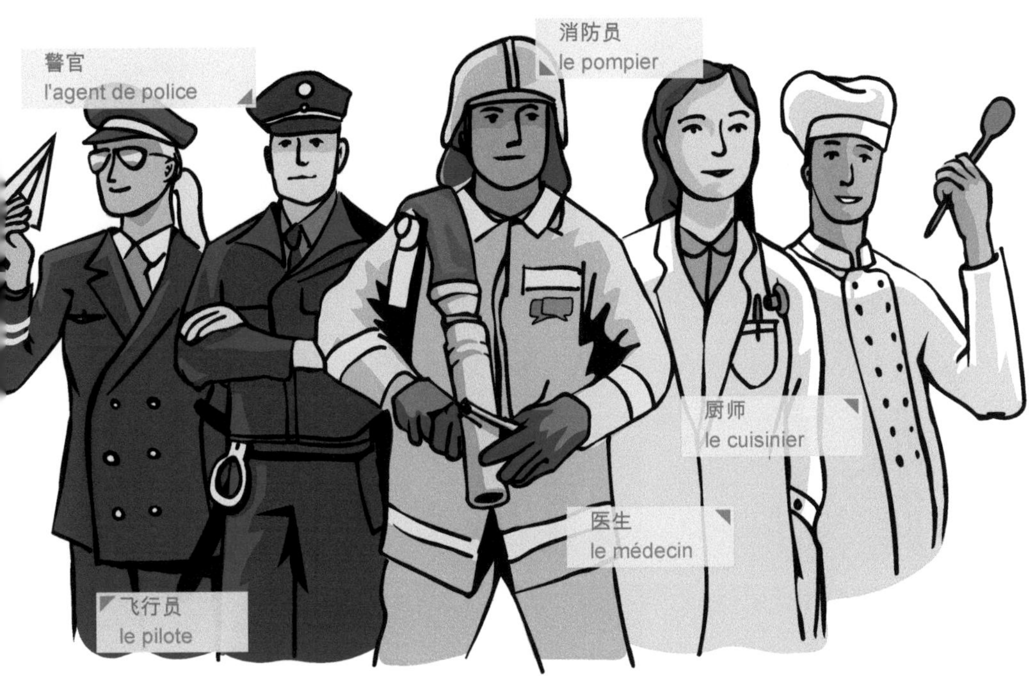

警官
l'agent de police
消防员
le pompier
厨师
le cuisinier
医生
le médecin
飞行员
le pilote

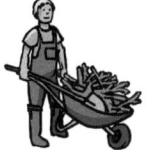

园丁

le jardinier

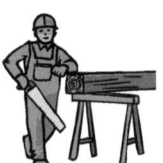

木匠

le menuisier

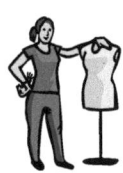

裁缝

la couturière

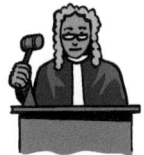

法官

le juge

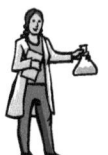

化学家

le chimiste

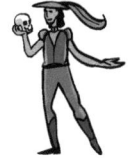

演员

l'acteur

公交车司机

le conducteur de bus

出租车司机

le chauffeur de taxi

渔夫

le pêcheur

清洁女工

la femme de ménage

屋顶工

le couvreur

服务员

le serveur

猎人

le chasseur

画家

le peintre

面包师

le boulanger

电工

l'électricien

建筑工人

l'ouvrier

工程师

l'ingénieur

屠夫

le boucher

水管工

le plombier

邮递员

le facteur

士兵

le soldat

建筑师

l'architecte

收银员

le caissier

花农

le fleuriste

理发师

le coiffeur

售票员

le contrôleur

机械师

le mécanicien

船长

le capitaine

牙医

le dentiste

科学家

le scientifique

拉比

le rabbin

伊玛目

l'imam

和尚

le moine

牧师

le prêtre

工具

les outils

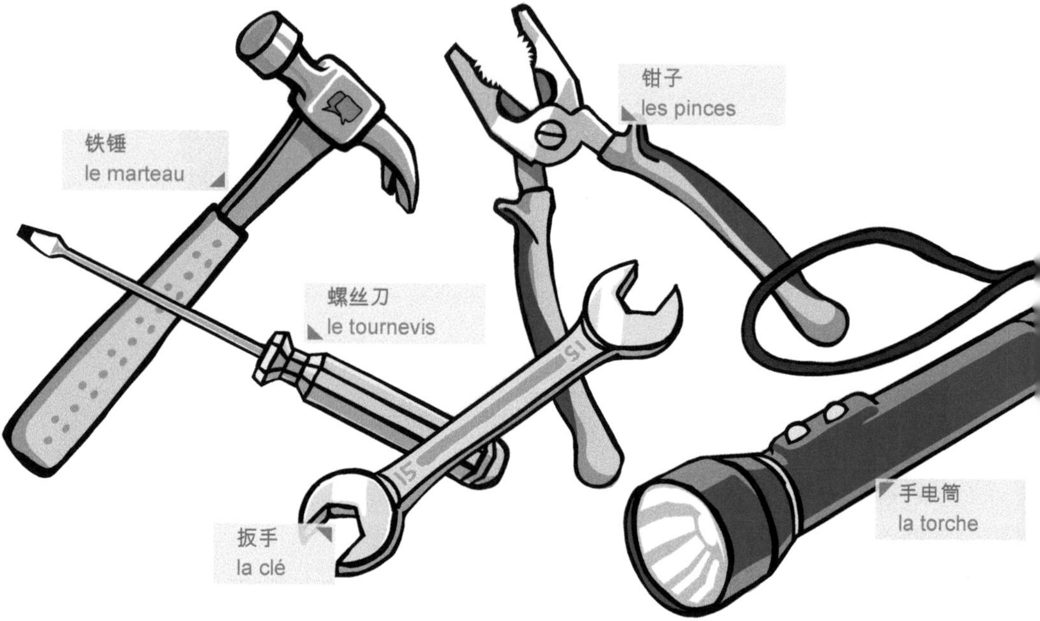
铁锤
le marteau
钳子
les pinces
螺丝刀
le tournevis
扳手
la clé
手电筒
la torche

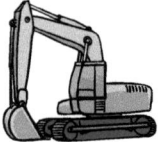

挖掘机

la pelleteuse

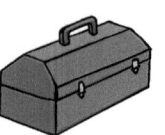

工具箱

la boîte à outils

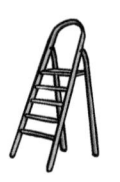

梯子

l'échelle

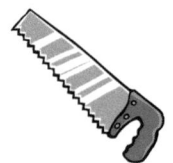

锯子

la scie

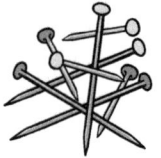

钉子

les clous

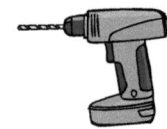

钻机

la perceuse

修
....
réparer

铲子
....
la pelle

靠！
....
Mince !

簸箕
....
la pelle

油漆桶
....
le pot de peinture

螺丝
....
les vis

乐器

les instruments de musique

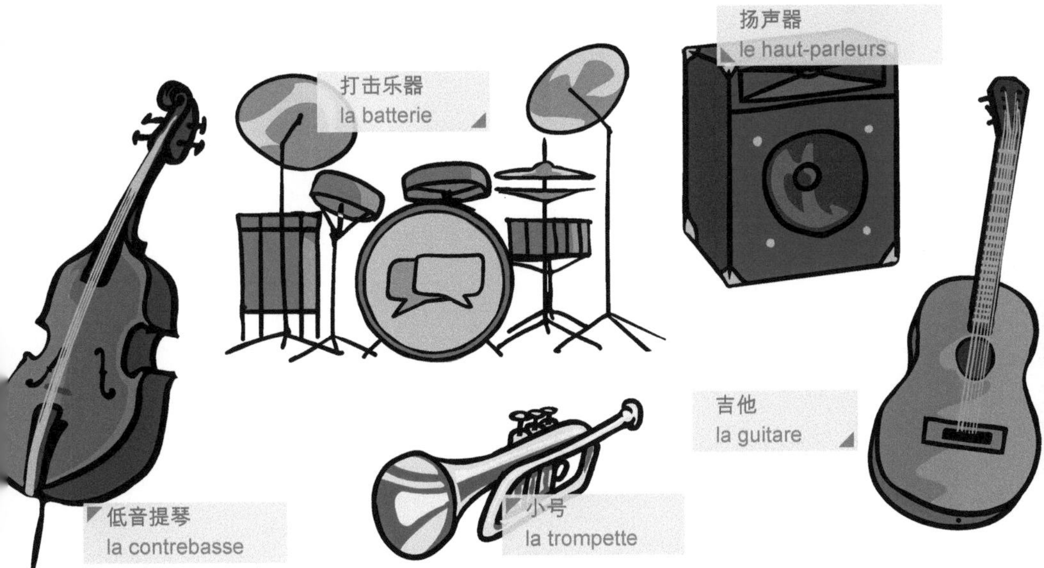

扬声器
le haut-parleurs

打击乐器
la batterie

吉他
la guitare

低音提琴
la contrebasse

小号
la trompette

钢琴
le piano

小提琴
le violon

贝斯
la basse

定音鼓
les timbales

鼓
le tambour

电子琴
le piano électrique

萨克斯管
le saxophone

长笛
la flûte

麦克风
le microphone

动物园

le zoo

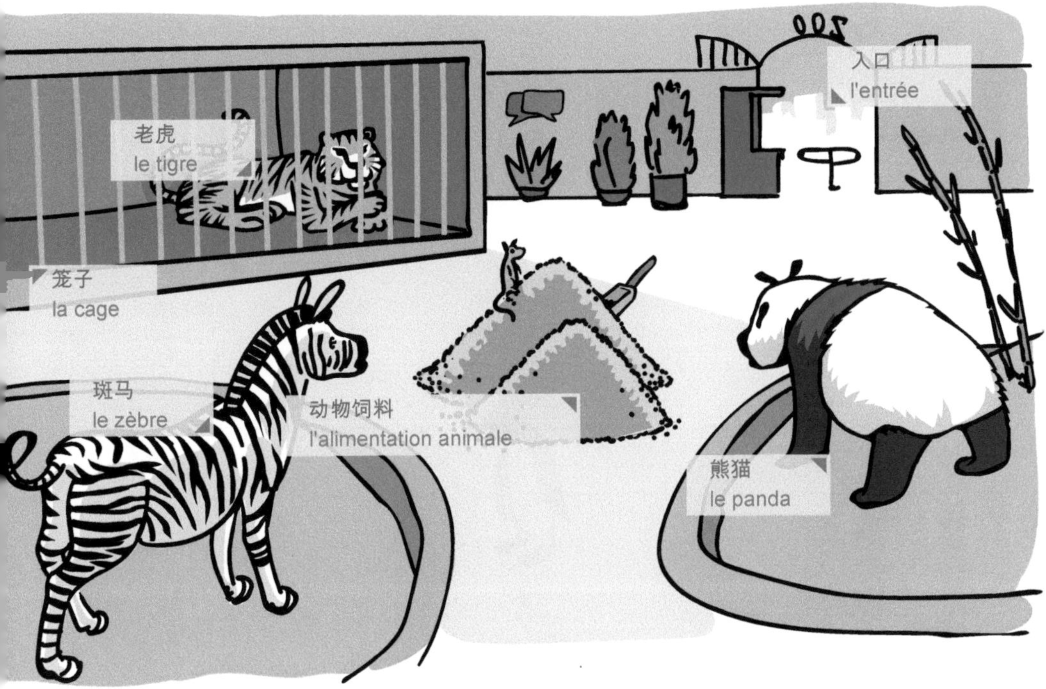
老虎
le tigre
入口
l'entrée
笼子
la cage
斑马
le zèbre
动物饲料
l'alimentation animale
熊猫
le panda

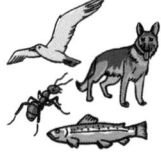

动物

les animaux

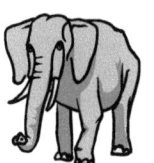

大象

l'éléphant

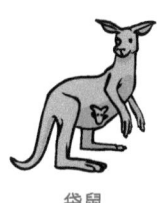

袋鼠

le kangourou

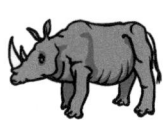

犀牛

le rhinocéros

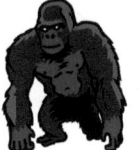

大猩猩

le gorille

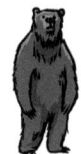

熊

l'ours

骆驼

le chameau

鸵鸟

l'autruche

狮子

le lion

猴子

le singe

火烈鸟

le flamand rose

鹦鹉

le perroquet

北极熊

l'ours polaire

企鹅

le pingouin

鲨鱼

le requin

孔雀

le paon

蛇

le serpent

鳄鱼

le crocodile

动物园管理员

le gardien de zoo

海豹

le phoque

美洲豹

le jaguar

矮种马
le poney

豹
le léopard

河马
l'hippopotame

长颈鹿
la girafe

老鹰
l'aigle

野猪
le sanglier

鱼
le poisson

龟
la tortue

海象
le morse

狐狸
le renard

羚羊
la gazelle

橄榄球
l'american Football

骑自行车
le cyclisme

网球
le tennis

篮球
le basket-ball

游泳
la natation

拳击
la boxe

冰球
le hockey sur glace

英式足球
le football

羽毛球
le badminton

田径
l'athlétisme

手球
le handball

滑雪
le ski

马球
le polo

跳
sauter

拥抱
embrasser

笑
rire

走路
marcher

唱
chanter

祈祷
prier

亲吻
faire la bise

做梦
rêver

书写
écrire

画
dessiner

展示
montrer

推
pousser

给
donner

拿
prendre

有
....
avoir

做
....
faire

当
....
être

站
....
être debout

跑
....
courir

拉
....
trier

扔
....
jeter

摔倒
....
tomber

躺
....
être couché

等待
....
attendre

携带
....
porter

坐
....
être assis

穿衣
....
s'habiller

睡觉
....
dormir

醒来
....
se réveiller

看
regarder

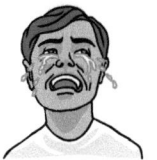

哭
pleurer

抚摸
caresser

梳头
peigner

交谈
parler

明白
comprendre

问
demander

听
écouter

喝
boire

吃
manger

清理
ranger

爱
aimer

做饭
cuire

开车
conduire

飞
voler

航行

faire de la voile

计算

calculer

读

lire

学习

apprendre

工作

travailler

结婚

se marier

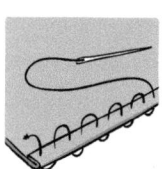

缝

coudre

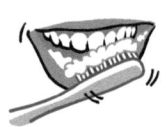

刷牙

brosser les dents

杀

tuer

抽烟

fumer

寄

envoyer

母
grand-mère

祖父
le grand-père

父亲
le père

母亲
la mère

婴童
le bébé

女儿
la fille

儿子
le fils

客人

l'hôte

阿姨

la tante

叔叔

l'oncle

兄弟

le frère

姐妹

la sœur

身体
le corps

前额
le front
眼睛
l'œil
肩膀
l'épaule
手指
le doigt
脸
le visage
下巴
le menton
手
la main
乳房
la poitrine
腿
la jambe
手臂
le bras

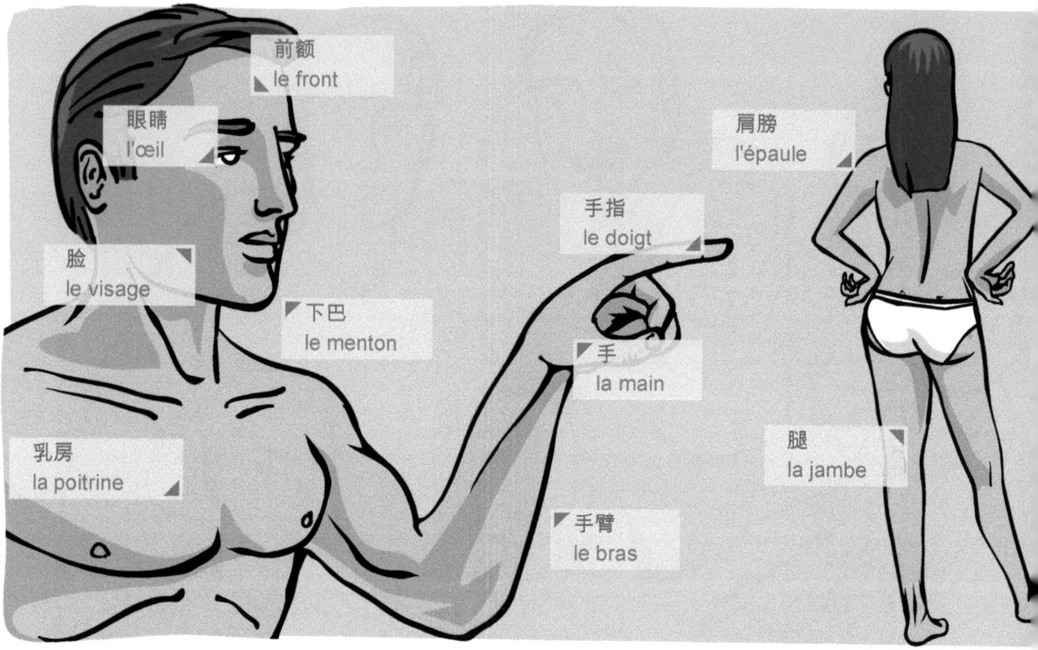

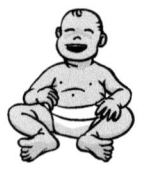

婴童

le bébé

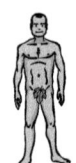

男人

l'homme

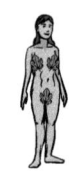

女人

la femme

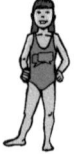

女孩

la fille

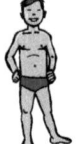

男孩

le garçon

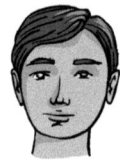

头

la tête

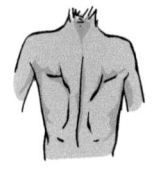

背部

le dos

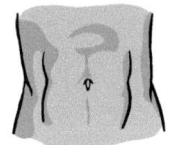

肚子

le ventre

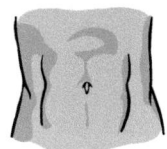

肚脐

le nombril

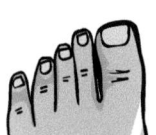

脚趾

l'orteil

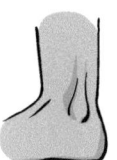

脚后跟

le talon

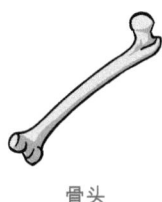

骨头

l'os

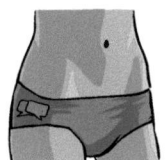

臀部

la hanche

膝盖

le genou

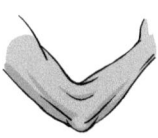

手肘

le coude

鼻子

le nez

屁股

les fesses

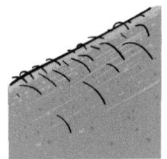

皮肤

la peau

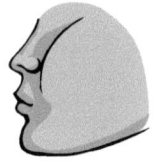

脸颊

la joue

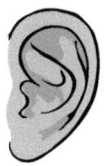

耳朵

l'oreille

嘴唇

la lèvre

嘴

la bouche

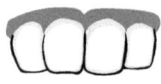

牙齿

la dent

舌头

la langue

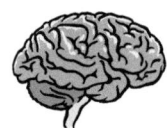

脑

le cerveau

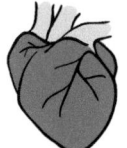

心脏

le cœur

肌肉

le muscle

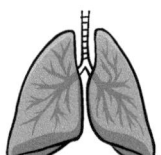

肺

les poumons

肝脏

le foie

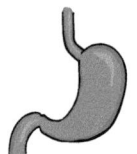

胃

l'estomac

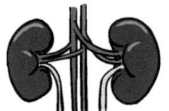

肾脏

les reins

性交

le rapport sexuel

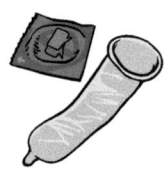

避孕套

le préservatif

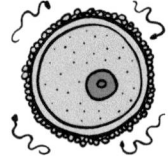

卵子

l'ovule

精子

le sperme

怀孕

la grossesse

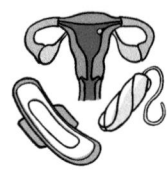

月经

la menstruation

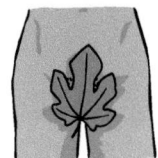

阴道

le vagin

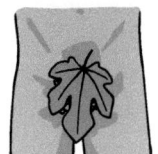

阴茎

le pénis

眉毛

le sourcil

头发

les cheveux

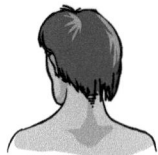

脖子

le cou

身体 - le corps

医院

l'hôpital

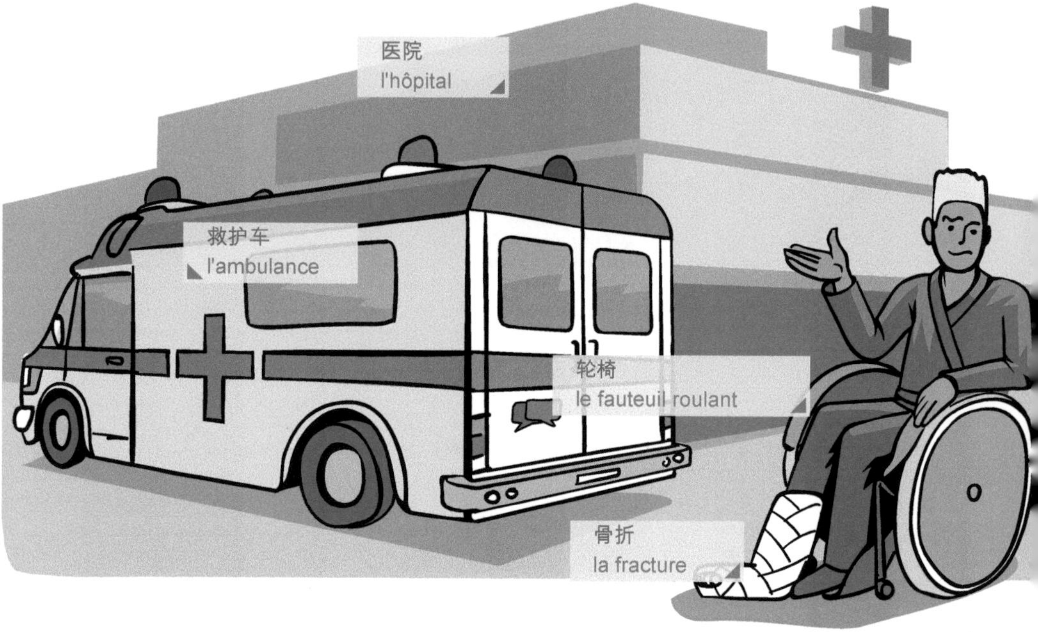

医院
l'hôpital
救护车
l'ambulance
轮椅
le fauteuil roulant
骨折
la fracture

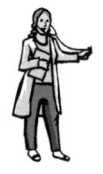

医生

le médecin

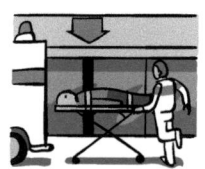

急诊室

le service des urgences

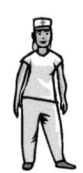

护士

l'infirmière

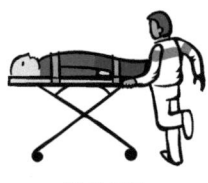

紧急情况

l'urgence

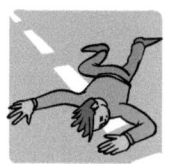

昏迷

inconscient

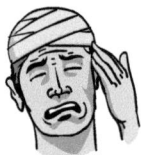

痛

la douleur

受伤

la blessure

出血

l'hémorragie

心脏病发作

la crise cardiaque

中风

l'attaque cérébrale

过敏

l'allergie

咳嗽

la toux

发烧

la fièvre

流感

la grippe

腹泻

la diarrhée

头痛

le mal de tête

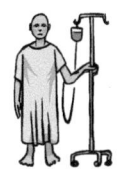

癌症

le cancer

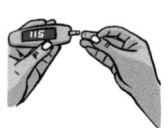

糖尿病

le diabète

外科医生

le chirurgien

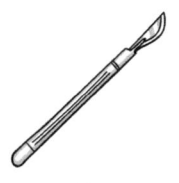

手术刀

le scalpel

手术

l'opération

医院 - l'hôpital

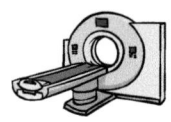

CT
le CT

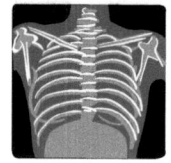

X光
la radiographie

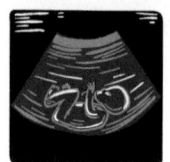

超声波
l'échographie

口罩
le masque

疾病
la maladie

候诊室
la salle d'attente

拐杖
la béquille

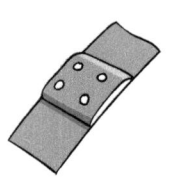

石膏
le pansement

绷带
le pansement

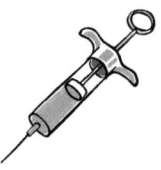

注射
l'injection

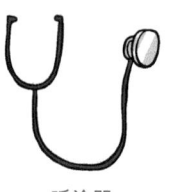

听诊器
le stéthoscope

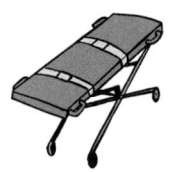

担架
le brancard

体温计
le thermomètre

出生
l'accouchement

超重
la surcharge pondérale

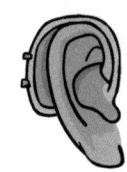

助听器

l'appareil auditif

消毒液

le désinfectant

感染

l'infection

病毒

le virus

艾滋病

le VIH / le sida

药物

le médicament

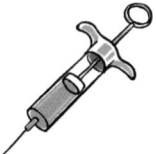

接种疫苗

la vaccination

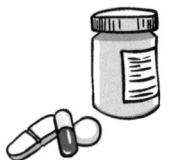

药片

les comprimés

药丸

la pilule

急救电话

l'appel d'urgence

血压计

le tensiomètre

生病/健康

malade / sain

救命！

Au secours !

警报

l'alarme

突击

l'assaut

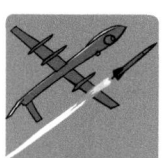

攻击

l'attaque

危险

le danger

紧急出口

la sortie de secours

着火啦！

Au feu!

灭火器

l'extincteur

意外

l'accident

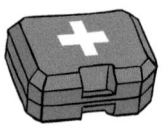

急救箱

la trousse de premier
secours

呼救信号

SOS

警察

la police

欧洲

l'Europe

北美洲

l'Amérique du Nord

南美洲

l'Amérique du Sud

非洲

l'Afrique

亚洲

l'Asie

澳洲

l'Australie

大西洋

l'Océan atlantique

太平洋

l'Océan pacifique

印度洋

l'Océan indien

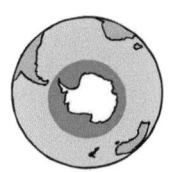

南冰洋

l'Océan antarctique

北冰洋

l'Océan arctique

北极

le Pôle nord

南极

le Pôle sud

南极洲

l'Antarctique

地球

la terre

陆地

le pays

海

la mer

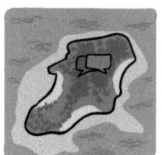

岛

l'île

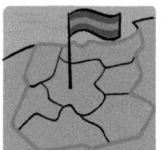

国家

la nation

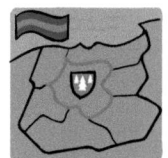

国家

l'état

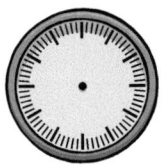

钟面

le cadran

时针

l'aiguille des heures

分针

l'aiguille des minutes

秒针

l'aiguille des secondes

现在几点？

Quelle heure est-il ?

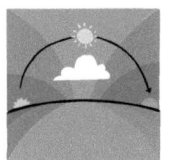

天

le jour

时间

le temps

现在

maintenant

电子表

la montre digitale

分

la minute

时

l'heure

la semaine

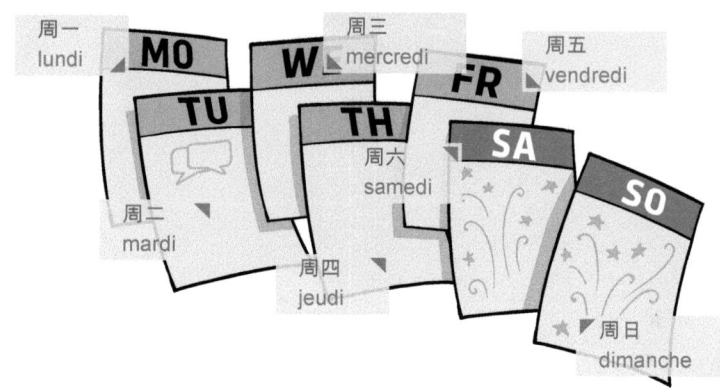

周一 lundi
周三 mercredi
周五 vendredi
周二 mardi
周四 jeudi
周六 samedi
周日 dimanche

昨天
....
hier

今天
....
aujourd'hui

明天
....
demain

早晨
....
le matin

中午
....
le midi

晚上
....
le soir

工作日
....
les jours ouvrables

周末
....
le week-end

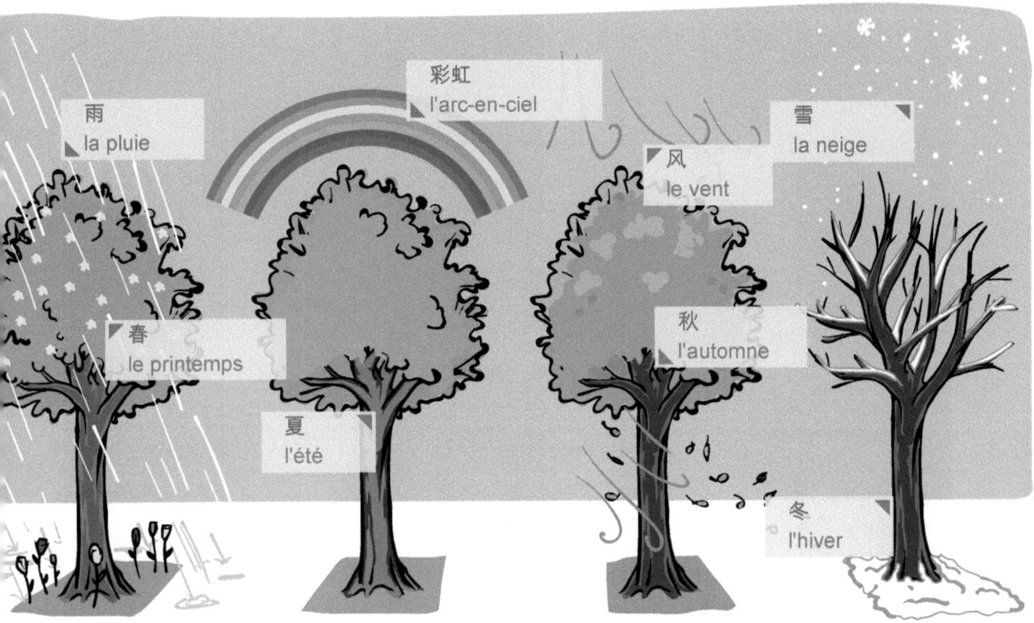

l'année

雨
▸ la pluie

彩虹
▸ l'arc-en-ciel

雪
▸ la neige

风
▸ le vent

春
▸ le printemps

夏
▸ l'été

秋
▸ l'automne

冬
▸ l'hiver

天气预报
la météo

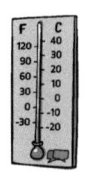

温度计
le thermomètre

阳光
la lumière du soleil

云
le nuage

雾
le brouillard

潮湿
l'humidité

闪电

la foudre

打雷

la tonnerre

风暴

la tempête

冰雹

la grêle

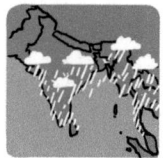

季风

la mousson

洪水

l'inondation

冰

la glace

一月

janvier

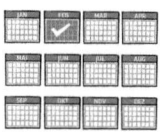

二月

février

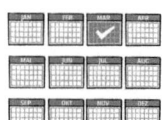

三月

mars

四月

avril

五月

mai

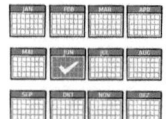

六月

juin

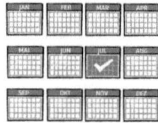

七月

juillet

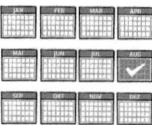

八月

août

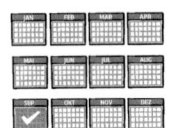

九月
....
septembre

十月
....
octobre

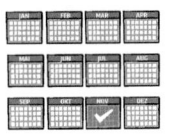

十一月
....
novembre

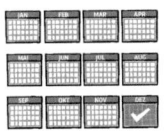

十二月
....
décembre

形状
les formes

圆形
....
le cercle

正方形
....
le carré

长方形
....
le rectangle

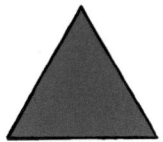

三角形
....
le triangle

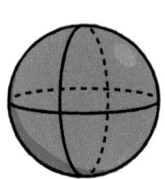

球体
....
la sphère

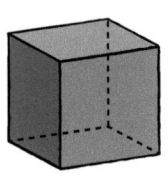

立方体
....
le cube

白

blanc

黄

jaune

橙

orange

粉

rose

红

rouge

紫

violet

蓝

bleu

绿

vert

棕

marron

灰

gris

黑

noir

很多/少许

beaucoup / peu

生气/平静

fâché / calme

美/丑

joli / laid

首/尾

le début / la fin

大/小

grand / petit

明/暗

clair / obscure

兄弟/姐妹

frère / soeur

干净/肮脏

propre / sale

完整/缺失

complet / incomplet

白天/晚上

le jour / la nuit

死/生

mort / vivant

宽/窄

large / étroit

可食用/非食用

comestible / incomestible

邪恶/善良

méchant / gentil

兴奋/无聊

excité / ennuyé

胖/瘦

gros / mince

第一/最后

le premier / le dernier

朋友/敌人

l'ami / l'ennemi

满/空

plein / vide

硬/软

dur / souple

重/轻

lourd / léger

饿/渴

faim / soif

生病/健康

malade / sain

非法/合法

illégal / légal

聪明/愚笨

intelligent / stupide

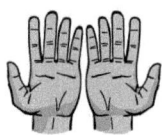

左/右

gauche / droite

近/远

proche / loin

新/旧
nouveau / usé

没有/有些
rien / quelque chose

老/幼
vieux / jeune

开/关
marche / arrêt

打开/合上
ouvert / fermé

安静/吵闹
faible / fort

富/穷
riche / pauvre

对/错
correct / incorrect

粗糙/光滑
rugueux / lisse

伤心/高兴
triste / heureux

短/长
court / long

慢/快
lent / rapide

湿/干
mouillé / sec

温暖/凉爽
chaud / froid

战争/和平
la guerre / la paix

0

零
....
zéro

1

一
....
un / une

2

二
....
deux

3

三
....
trois

4

四
....
quatre

5

五
....
cinq

6

六
....
six

7

七
....
sept

8

八
....
huit

9

九
....
neuf

10

十
....
dix

11

十一
....
onze

12

十二

douze

13

十三

treize

14

十四

quatorze

15

十五

quinze

16

十六

seize

17

十七

dix-sept

18

十八

dix-huit

19

十九

dix-neuf

20

二十

vingt

100

百

cent

1.000

千

mille

1.000.000

百万

le million

英语

l'anglais

美式英语

l'anglais américain

普通话

le chinois mandarin

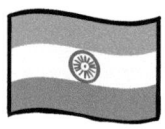

印地语

le hindi

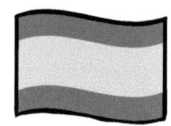

西班牙语

l'espagnol

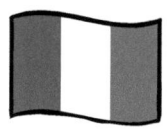

法语

le français

阿拉伯语

l'arabe

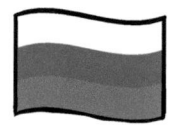

俄语

le russe

葡萄牙语

le portugais

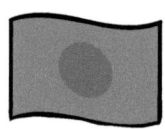

孟加拉语

le bengali

德语

l'allemand

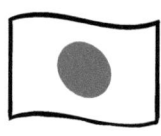

日语

le japonais

我

je

你

tu

他/她/它

il / elle / ce, c', cela

我们

nous

你们

vous

他们

ils / elles

谁？

Qui ?

什么？

Quoi ?

怎样？

Comment ?

哪里？

Où ?

什么时候？

Quand ?

名字

le nom

方位

où

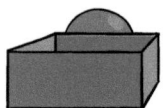

后面

derrière

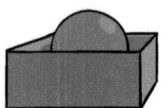

里面

dans

前面

devant

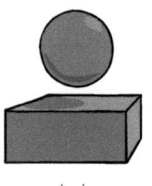

上方

au-dessus

上面

sur

下面

en-dessous

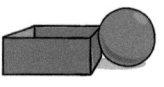

旁边

à côté de

中间

entre

地点

le lieu